AF453023

LE SECOND LIVRE

DES

POÈMES IMPÉRIAUX

———

PARIS-LA-PROSTITUÉE

ŒUVRES DU MÊME AUTEUR

POÉSIE

PROSE

THÉATRE

LES DOUZE GÉNIES

POLITIQUE

CRITIQUE

ALBERT du BOIS

LE SECOND LIVRE DES POÈMES IMPÉRIAUX

Paris=la=Prostituée

PARIS

BIBLIOTHÈQUE INTERNATIONALE D'ÉDITION

*E. SANSOT & C*ie

7, RUE DE L'ÉPERON, 7.

MCMIX

LES POÈMES IMPÉRIAUX

EN PRÉPARATION

IV. L'Empire Bleu.

NOTULES EN GUISE DE PRÉFACE

NOTULES EN GUISE DE PRÉFACE

I

Il y a un moyen bien simple, bien facile, parfaitement pratique, de débarrasser Paris des « objectionnables » étrangers qui le souillent de leur présence :

Que l'on mette la main sur les proxénètes, les professionnels de la pornographie, les artisans en sédition, les débitants d'excitations haineuses contre les Institutions Nationales, les voleurs, les assassins, les souteneurs, tous les bandits, toute l'écume du colossal tourbillon humain, et l'on constatera qu'il ne se trouve pas un Français sur vingt, dans ce tas de misérables épaves de la vie.

II

*On ne pourrait trouver chez aucun **Peuple**, plus de vertu, plus de santé et de propreté morale, que chez le peuple Français. Les Malades, les Malpropres qui couvrent parfois d'opprobre et Paris et la France, sont toujours des Etrangers. Au fond de tous les crimes, de tous les scandales, on trouve toujours des Étrangers, ou de ces faux Français qui n'ont pas dans les veines, les séculaires traditions d'honneur et de vertu de la Race.*

Le principal défaut du Gallo-romain n'est que l'exagération d'une qualité : il est trop bon, trop indulgent, trop généreux. Il a une crainte excessive de meurtrir des victimes de la Destinée, de blesser des vaincus. Il a un extrême désir d'être aimable et un intense besoin d'être aimé.

Une armée de misérables, la lie de l'humanité, exploitent ce sentiment, et abusent de cette indulgence pour venir exercer chez nous des métiers qui nous font horreur.

Il ne faut pas prendre notre pitié pour de la complaisance.

Il ne faut pas prendre notre indifférence pour une adhésion.

III

Et que faites-vous du troisième panneau du triptyque de notre Devise Nationale, que faites-vous du « Fraternité », que la République inscrit fièrement sur tous ses monuments ?

Fraternité ! Certes... Pour tous ceux qui consentent à voir en nous des frères et qui ne refusent pas de nous traiter en frères.

Mais je ne suis pas assez stupide pour aller — moi qui ne suis qu'un bloody-froggy *— offrir ma fraternité à un Anglais qui, à titre de Français, me considèrera comme un être si inférieur que c'est à peine s'il me jugera digne de figurer dans sa domesticité ! Je ne suis pas assez abject pour offrir ma fraternité à un Teuton, qui voudra m'imposer des asservissements que je trouverai dégradants, des abdications que je jugerai humiliantes !*

Fraternité ! Le bon nègre qui vient me murmurer « je suis ton frère ! » Je veux bien tapoter sa tête crépue d'une main protectrice, mais je n'admets pas qu'un Teuton ou un Anglais, dont les ancêtres couraient encore tout nus, que déjà les nôtres étaient drapés depuis des siècles dans la toge Romaine, je n'admets pas qu'un Teuton ou un Anglais esquisse le même geste vis-à-vis de moi... Non, non ! j'y regarderai à deux fois avant de m'exposer à cette humiliation !

Et, dira-t-on, ces étrangers qui vivent parmi nous et qui, eux, peuvent nous comprendre et nous apprécier ?

Il est toujours bon de se méfier des étrangers ! Souvenons-nous des Saxons à Leipzig ! Ne prêtons pas le flanc à nos « frères » étrangers.

IV

Comparaison humiliante pour notre orgueil de Français :

En Angleterre, on ne trouve presque pas de prostituées de race anglo-saxonne. A Londres, ces malheureuses qui gagnent leur vie en se vendant, sont presque toutes des étrangères, Allemandes ou Françaises. La femme anglaise, en général, a trop de dignité, trop de respect d'elle-même, pour s'abandonner à une brute capable de vautrer ses luxures sur un être que la faim et la misère lui livrent pieds et poings liés.

Nous ne pouvons nous dissimuler qu'on rencontre à Paris un trop grand nombre de Françaises incapables de souffrir du sentiment de déchéance, de dégradation, que doit ressentir un être qui se vend dans de telles conditions.

Il n'est pas de genre de vol plus excusable que celui que l'on nomme « entolage ». La justice devrait faire comprendre à ceux qui ont l'impudeur de s'en plaindre, que leur cas n'est nullement intéressant. Ces hommes abusent de leur force, vis-à-vis d'une faiblesse douloureuse et désarmée. Cette faiblesse se défend avec sa ruse. Le bon droit est avec elle.

Il serait sage et juste de se montrer d'une extrême indulgence pour les délits de ce genre. Il siérait d'encourager tout ce qui peut nuire à la sécurité de l'immonde commerce.

V

Que nous veulent ces pacifistes?... *Excusez ce sot barbarisme !*

Il n'y a pas de plus pure joie, il n'y a pas de plus rare ivresse, que de se battre.

Je ne dis point : « Il est doux de lutter pour sa Race, pour les idéals de son Ame, pour ses Intérêts moraux ou matériels, pour sa Patrie... Non! Je dis : Il est agréable, il est plaisant, il est délicieux de se battre. Se battre c'est se déployer tout entier, sortir toutes ses forces physiques et mentales, pour échapper à la haine qui vous vise au cœur et la frapper, elle, en pleine poitrine. Il n'y a pas de volupté plus intelligente, car notez que c'est toujours le plus intelligent qui l'emporte. L'homme doit se battre avec son cerveau, beaucoup plus qu'avec ses bras. David triomphe toujours de Goliath. Voilà ce qu'il y a d'admirable dans ce jeu. Ceux qui le raillent ou le dénigrent seraient des vaincus. Poltrons ou imbéciles. Le plus intelligent est toujours le plus fort !

VI

ABEL ET CAIN

ABEL.

Tu m'offres ta fraternité. Ton nez me déplaît. Ta bouche me dégoûte. Je ne veux rien avoir de commun avec toi !

CAIN.

Pourquoi ?

ABEL.

Que t'importe et que m'importe. Un secret instinct soulève tout mon être contre toi. Tu ne m'as rien fait, mais je pressens que tu dois me nuire et je te hais. Tu te dis mon frère. Tu mens. Cela te fâche que je te dise que tu mens ? J'en suis satisfait. J'ai mauvais caractère dis-tu ? C'est vrai. Très mauvais quand quelqu'un me déplaît et tu me déplais. Si tu te trouves sur le chemin où je veux passer, retire toi ou je te forcerai à te retirer !

CAIN.

Je ne me retirerai pas. Tu n'as nul droit de me parler comme tu le fais.

ABEL.

Et toi, as tu le droit d'éveiller l'obscure antipathie instinctive, qui m'avertit que ton âme veut la mort de la mienne ?

CAIN.

Soyons frères ! je veux t'aimer...

ABEL.

Non merci, je n'ai pas besoin d'avoir un frère! Ma mère n'a point porté dans son ventre, deux hommes aussi vertueux et aussi justes que moi !

CAIN.

Orgueilleux !

ABEL.

Ah! Voilà la fraternité qui devient familière ! Ote toi de ma route ou je te prouverai ma Force !

Il arrive quelquefois qu'Abel se fasse assommer. Il arrive toujours que les bonnes âmes pleurent sur le vaincu et jugent qu'il eut raison.

La Destinée est juste. La Destinée est toujours merveilleusement juste. C'est elle qui élit les vainqueurs.

VII

Vous voudriez donc que Paris ne fut plus le but du Pélérinage qu'entreprennent tous ceux qui veulent mettre de la Beauté et de la Joie dans leur vie ?

Vous voudriez donc qu'il ne fut plus vrai de dire :

Tout homme a deux pays, le sien et puis la France !

Vous voudriez donc voir s'écarter de la Capitale, ces foules d'étrangers qui viennent en respirer l'atmosphère de gaîté, en admirer les illustres murailles ?

Non certes !

C'est la Mission de Paris — succédant en cela à Athènes — d'être belle, d'être l'Ornement et la Gloire du monde.

Mais s'imagine-t-on ne pas écarter les Elites, en tolérant que la Ville devienne la Terre Promise des Monstres ?

VIII

Pourquoi railler des étrangers qui se servent de notre langue (non sans talent souvent !) pour exprimer leurs idées et leurs sentiments? Vous devriez être heureux de les voir conquis par notre Verbe.

Voici pourquoi :

La guerre de 1870 a coûté à la France tous les poètes de la génération qui avait vingt ans à cette époque.

De 1880 à 1890 on ne vit pas s'affirmer un nouveau poète français, à côté des figures illustres des grands Parnassiens.

Profitant du Désastre, profitant du vide lamentable causé dans les rangs des gallo-romains par le Désastre, une foule d'étrangers, une foule d'âmes étrangères, (trahies par des noms étrangers,) s'est ruée à la conquête de notre âme : méconnaissant les lois tradition-nelles de notre prosodie, faisant fi des exigences de simplicité et de clarté de notre langue. Ces Barbares ont entonné un chœur à assourdir des Teutons, de vers sans rimes et sans rythmes, dans un langage d'un gothique flamboyant.

Ils n'ont jamais vécu, ils n'ont jamais existé pour une seule pensée Française, puisque nul ne les lut jamais et cependant, aujourd'hui que l'Ame Nationale a repris le dessus et que l'on est revenu à la Tradition séculaire, on peut encore s'indigner de ces tentatives, on peut déjà en sourire...

Ces braves gens spéculaient sur l'ignorance et la sottise proverbiale du Welche, en fait de littérature. Ils se disaient, goguenards :

Paris n'a plus qu'un mot de cinq lettres... pour Lettres !

Ils se trompaient.

Paris s'est, depuis vingt-cinq ans, complètement détourné de la « Poeshie ». Depuis vingt-cinq ans, plus un livre de vers ne s'est vendu. Depuis vingt-cinq ans Paris préfère avec raison — mon Dieu oui ! avec raison ! — le mot de cinq lettres, qui veut dire quelque chose, à tous ces Flambeaux Tentaculaires *qui ne veulent rien dire du tout...*

Vous voyez bien que Paris a beaucoup d'esprit !

PARIS-LA-PROSTITUÉE

I

LE POÈTE PARLE A LA VILLE DE SA BEAUTÉ

Ta douceur, ta beauté sont exquises, Paris !
L'Univers devant toi, comme un amant épris,
N'a que de tendres mots, pour célébrer ta grâce !
Certes, s'il t'eut connue, orgueil de notre race,
Virgile, délaissant sa Rome au front hautain,
Eut proclamé Paris, la fleur du sol latin,
Et pour se mettre aux pieds de la fille de France,
Shakspeare eut quitté Londre et le Dante, Florence !

Que de fois j'ai compté, fidèle pélerin,
Les joyaux dont la gloire orne ton front serein :
Ton Louvre aux vastes cours, aux longues colonnades :
Palais de nos héros, qui, du haut des façades,
Contemplent l'Arc géant, dont le porche vermeil,
Voit passer, chaque soir, le char d'or du Soleil !
Cette Place sublime, où, de clarté vêtues,
Rêvent, hautainement, huit hautaines statues,
Autour du vieux pylône, auquel les Pharaons
Confièrent, pour toi, la gloire de leurs noms.
Notre Dame : lourdeur d'encens dans les ténèbres,
Qui sont encor la nuit de ces siècles funèbres,
Où le monde à genoux, auprès de son Dieu mort,
Agonisait d'horreur, de crainte et de remord.
L'Opéra, qu'une lyre éclatante domine ;
Montmartre, Temple clair sur la sombre colline ;
La Colonne de bronze où l'Aigle a mis son nom ;
La Madeleine à qui, pour être Parthénon,
Il n'a manqué que l'Acropole en granit rose ;
Le Panthéon, décor serein d'apothéose ;
Cent monuments sacrés que l'Art fit immortels,
Où l'âme des aïeux a de dignes autels...

Puis, cette voie enfin, notre œuvre et notre gloire,
Sur laquelle, en une heure épique de victoire,
Le quadrige dont le galop semble un essor,
Passera, conduisant vers la coupole où l'or
Met, dans ton calme ciel, un croisement d'épées,
Conduisant vers les beaux vieillards des épopées,
Le Héros, le Vainqueur, vengeur des abandons,
Dont nous ne parlons pas — mais que nous attendons !

II

LE POÈTE PARLE A LA VILLE DE SON HÉROISME

Paris, vous méritez une gloire immortelle !
C'est peu d'être charmante, et c'est moins d'être belle,
Mais aucun paladin, que l'épopée ait eu
Ne fit preuve d'autant d'héroïque vertu, .
Que toi, Cité, que toi, Française aux yeux d'aurore,
Dans ta tunique blanche, ou rouge, ou tricolore.
Souvent, ô magnanime Héroïne, souvent,
Le poète, à tes pieds, aux siècles morts rêvant,
A cru voir flamboyer dans le ciel qu'il éclaire,
Le geste que jadis esquissa ta colère :

§ I

LES NORTHMANS

La Ville est haute et noire, ainsi qu'un noir vaisseau.
Majestueusement sa carène fend l'eau,
D'un fleuve d'argent clair, baignant des rives vertes,
Et les vagues d'argent du fleuve, sont couvertes
De radeaux faits de pins géants. L'eau gicle et sourd
Entre les grands rondins, tournants sous le pas lourd
D'innombrables guerriers vêtus de peaux de bêtes.
Les griffes sur leur sein se croisent, et les têtes,
Gueules pourpres de loups, sombres fronteaux d'aurochs,
Leur couronnent le front de cornes et de crocs ;
Des bracelets de fer, bandent leurs bras robustes ;
Des ceinturons de cuir, tiennent le long des bustes
Les fourreaux de poignards, semés de larges clous.
Et ces guerriers géants, drapés de peaux de loups,
— Host, d'un fauve trophée, effroyable, vêtue —
Avec leurs boucliers d'airain formant tortue,

Dressent contre les murs, d'où tombent des moellons,
Du feu, du plomb fondu, les mâts aux échelons
Couverts des corps pressés d'une hurlante foule.
Tour à tour, chaque mât, sur les radeaux s'écroule,
Entraînant une grappe énorme de guerriers.
Le granit des murs grince aux coups des béliers.
Parfois, faces d'horreur, en des rictus figées,
Par tous les clapotis des lames fustigées,
Des morts, tout hérissés de traits, roidis, la peau
De loup se ballonnant, s'en vont au fil de l'eau...
Et toujours, colossale, emmy la claire moire
Du fleuve blanc, on voit flotter la grand nef noire,
Que l'effort du Northman à peine mutila,
Et dont l'ombre, jadis, fit trembler Attila.

§ II

LA LIGUE

Fouillis de toits aigus, au creux de la vallée,
Des brumes du matin, encor demi voilée,
Paris s'étend : vieux murs hérissés de donjons,
Que baignent des fossés glauques, bordés d'ajoncs.
Au sommet des deux tours jumelles de l'Eglise,
Etayant d'arcs-boutants sa nef de pierre grise,
Deux gigantesques mâts, au fond du ciel serein,
Dressent la double croix de l'étendard lorrain.
S'opposant aux murs noirs des remparts, l'œil découvre,
De la sombre Bastille, aux blancs pignons du Louvre,
Une palanque aux pieux ornés de gonfanons
Aux trois fleur-de-lys d'or de France. Des canons
Montrent leur bouche ronde au milieu des fascines.
Parfois, on voit monter à flots vers les collines
Où de nombreux moulins tournent quatre bras lents,
Les tourbillons épais de lourds nuages blancs.

Des patrouilles, marchant en longues caravanes,
Passent : des feux soudains, flambant aux pertuisanes,
Tandis que du ciel clair, d'aube rose vermeil,
Tombe, aux casques d'acier, une aigrette en soleil.
D'une ville de toile, aux étroites allées,
S'alignant dans un pré, derrière des palées,
Montent, stridents, des sons de fifres, de clairons.
Des chefs passent : velours, buffle, cols à godrons.
Un convoi : chariot pesant et claire bâche,
Au fond du chemin creux, qui par instants le cache,
Défile avec des chants sonores et des cris.
Le jour d'or du matin, crépit d'or les murs gris.
Et cependant, la Guerre, implacable et farouche,
Se cache là, partout, la menace à la bouche...
On meurt, sous ces toits bleus inondés de soleil,
On meurt de faim, avec un courage pareil
Au féroce courage, à l'horrible courage,
Que montrèrent jadis, ces héros d'un autre âge,
Ces vieux Juifs, qu'animait un espoir surhumain,
Pour écarter de leur Sion le Loup romain !
Rien ne vaincra Paris, rien ne pourra l'abattre,
Tant qu'on ne verra pas à sa Messe Henri IV...

Et coquette, sous son manteau bleu brodé d'or,
La Française agonise en souriant encor...

§ III

1870

Un soir morne et blafard de Décembre agonise..
Du ciel noir, lentement, tombe une clarté grise.
Le vent aigre est chargé de tintements de glas.
Parfois, on voit briller de rapides éclats,
Derrière les maisons du côté de Montrouge.
Puis, soudain, apparaît un haillon de feu rouge,
Qui danse, tourbillonne, et saute en se tordant,
Jetant sur l'Est obscur un grand reflet ardent.

Paris entend rugir le Teuton qui l'assiège.
Le front dans l'âpre bise, et les pieds dans la neige,
Sous le ciel menaçant, que l'aile de la Mort
Assombrit, ses enfants, pour un suprême effort,
Dans un geste sublime et vain de délivrance,
Entre le conquérant implacable et la France,
Se sont dressés, se sont jetés le glaive au poing...

Le Sort t'a condamnée et tu ne vaincras point,
Paris, mais tes enfants, mais tes défenseurs, comme
Eussent fait les héros et des Sparte et des Rome,
Mourront ! — Epouvanté de ton farouche deuil,
Le barbare, en tremblant, viendra toucher ton seuil...
Le barbare viendra, te croyant presque morte,
Toucher d'un doigt craintif le vantail de ta porte,
Puis, s'en retournera vers ses frères surpris,
Se vanter : — J'ai touché la porte de Paris !..

III

LE POÈTE RAPPELLE A LA VILLE
QU'ELLE EST LA CAPITALE

Et c'est pourquoi nous t'avons fait la Capitale !
Paris, nous t'avons fait, la ville impériale,
    Pour ta gloire et pour ta beauté !
Orgueil des Francs ! Orgueil de la terre des Gaules !
La pourpre des Césars convient à tes épaules,
    La pourpre de la royauté !

Et c'est pourquoi, remplis d'orgueil devant le monde,
Tes poètes s'en vont te disant sans seconde,
    Pour la gloire et pour la beauté !
Tes poètes s'en vont t'acclamant la Première,
Ville Rayon ! Ville Splendeur ! Ville Lumière !
    Et proclamant ta royauté !

Autour de toi, Paris, les sœurs les Capitales,
Te font comme un cortège et n'ont pas l'air d'égales,
     Par la gloire et par la beauté !
Tu dépasses de loin, toutes ces nobles reines :
Les plus hautes, les plus belles, les plus sereines,
     Reconnaissent ta royauté !

Berne au corsage vert, Rome, Patricienne,
Drapée augustement, dans sa pourpre ancienne,
     Madrid rêvant sur son coteau,
Londres aux blonds cheveux, voilés de gaze rousse,
Berlin la très farouche, et Vienne la très douce,
     Et Moscou dans son blanc manteau.

Constantinople, almée étrange, qui repose,
Au bord du golfe bleu, moiré de clarté rose,
     Et New-York, géante aux bras nus,
Et Stockholm, front de glace aux ardentes prunelles,
Et sous son grand bonnet, de légères dentelles,
     Amsterdam aux yeux ingénus.

Toutes tes nobles sœurs, fille de France, toutes
Marchant vers la clarté, te font, le long des routes,
    Te font un cortège idéal !
Capitale des Francs, Capitale des Gaules,
C'est le plus beau manteau qui te pend aux épaules,
    Et c'est le seul impérial !

IV

LA VILLE RÉPOND AU POÈTE

Mince alors, que c'est vrai ! Je suis la capitale,
Du bon peuple qui met, par une loi fatale,
    Ses ânes devant ses lions !
Je répands un éclat immense sur le Globe,
Et le monde des sots (sud-américains !) gobe
    Mes cuistres et mes histrions.

Car ce sont les plus vils histrions et les cuistres
Les plus hideux, les plus profondément sinistres,
    Dont soit orné notre Univers.
Si tu crois que le beau tralala q'tu dégoises
Me plaît... T'en as un œil ! C'est à ma sœur Pontoise
    Qu'y fallait dédier tes vers !..

Ces vers, peu rigolos. ou ta candeur s'étale
Sont loufs ! Ta margoulette à dire : « Capitale ! »
    S'ouvre... Non vrai qu'c'est indiscret !
Si tu chantes tout ça pour que l'on te remerque
T'as pas l'truc... Voici comme y faut mener ta berque.
    C'est gratis le petit secret !

Chez moi, l'on obtient tout avec un peu de braise !
Casque ! Et l'on fera prendre à la foule française,
    Pour le soleil, ton lumignon !
Tu peux être demain, candide Nicodème,
Plus loué que ne fut mon vieil Hugo lui-même,
    Si tu veux cracher du pognon.

Le Belge Materlinque — un bon casqueur notoire,
Te dira ce que coûte, à cette heure, une gloire
    De noble champion du Beau,
Et puis tu n'auras plus, si ce luxe t'inspire,
Pour te faire appeler Dante, Homère ou Shakspeare,
    Qu'à graisser la patte à Mirbeau !

Le succès est à vendre et la gloire s'achète...
Pour se faire sacrer, lorsque l'on est poète,
        Empereur ou Pape... — c'est tant !
Qu'importe, que mon Art, râle la mort, exsangue,
Que Belges et Roumains déshonorent ma langue :
        Crache, mon vieux... c'est l'important !

Ou du moins sois hardi ! Va ! Qu'est-ce que tu risques ?
Tout jeune auteur se fait chatouilleur d'odalisques
        Pour être riche et décoré !
Sois cochon... ça fait bien ! Quel vendeur d'infamie,
Quel cynique éveilleur de la brute endormie,
        Fut, pour Paris, déshonoré ?

Quand la gloire sera venue au pornographe,
Si tu te sens jaloux du rupin cénotaphe
        De Voltaire ou Napoléon,
De chichis de vertu, faudra pas te confire !
Fais un seul geste propre — un seul ! — il va suffire,
        Pour qu'on te flanque au Panthéon.

Rengaine donc tes vers loufoques sur « L'Empire ! »
On s'en bat l'œil un peu, mon bon ! — et rien n'est pire
　　　Pour rendre impossible un auteur,
Que d'enfiler ainsi des perles hugoliques !..
Faut pus de vers, depuis les machins symboliques...
　　　Les vers... c'est pas à la hauteur !

Comprends que ton bouquin, rien que pour ce qu'il prône,
Nul n'en voudrait tourner la couverture jaune,
　　　Sur laquelle chacun croit voir :
« On parle en ces feuillets, de Patrie et de Race,
« De Nation, d'Orgueil d'être Français... » Non ! Grâce !
　　　La barbe ! La barbe ! Rasoir !

II

Je me moque de la huée
Que me jettent de loin des fous !
Je suis une prostituée...
Les hypocrites je m'en f... !

Venez des quatre coins du monde,
Venez Russes, Teutons, Anglais,
Le vice, ici, n'est plus immonde...
J'ai bàti, pour lui, des palais !

Venez ! Je saigne à blanc mes Gaules,
Pour rassembler le doux troupeau,
Des enfants, aux frêles épaules,
Dont je vous vends, — pas cher ! — la peau !

Hantés de monstrueuses fièvres,
Accourez, brutaux et joyeux,
Des rires vulgaires aux lèvres,
Des flammes sombres dans les yeux !

Venez ! rebuts de chaque race,
Groins ardents d'ignobles ardeurs,
J'étendrai mon manteau de grâce,
Sur vos formidables laideurs !

Accourez ! Paris vous appelle,
Paris tend vers vous ses bras nus,
Elle vous sourit, elle est belle,
Toute entière aux premiers venus !

Je me moque de « la Bérange »...
Le plaisir est ma seule loi !
Et puis, ceux que cela dérange,
N'ont qu'à ne pas venir chez moi !

D'abord, des tartufes infâmes,
Seuls, s'avisent de proclamer,
Qu'acheter à de pauvres femmes,
Leur triste corps n'est — pas aimer !

Oui ! Seuls, des crétins ridicules,
Osent afficher du mépris,
Pour ces élégants follicules,
Ou mes sots vendent leurs esprits.

Seul, un imbécile notoire,
Ose clamer sur le chemin,
Qu'on n'achète un laurier de gloire,
Que pour orner un front roumain !

Moi, je n'ai pas de sots scrupules,
Honneur et Vertu pour Paris,
Sont des lieux communs ridicules...
J'ouvre les bras et je ouris

V

LE POÈTE MAUDIT LA VILLE

Paris, vous n'êtes plus une ville française !
Non ! le Suisse servile et le Teuton obèse,
Tous les escrocs, tous les ratés, tous les rastas,
Des tas d'aventuriers bons à pendre, des tas
D'êtres qu'on croit « humains » mais qui ne le sont guère:
Le Yankée encombrant, nasillard et vulgaire,
L'Italien mielleux, qui dit, d'une voix d'or,
Caressante, montrant de blanches dents : *Signor!*
Et vous plante une lame entre les deux épaules,
L'Anglais, tout cuirassé de mépris pour ces Gaules,
Où, jeune, son lion s'est aiguisé les dents,
Les Belges, lourds batards, neutres, pleutres, prudents,

Que le Flamand insulte et que le Wallon raille,
Nains, qui s'en vont hurlant : Voyez ma belle taille !...
Le Roumain, bon à tout, le Serbe, bon à rien,
Le funèbre Espagnol, le fat Autrichien,
— Se croit aristocrate et n'est que saltimbanque ! —
Le gras Rhénan, tissant la toile de sa banque,
Boyards épais, Bataves lourds, pitres Hongrois,
Voilà, ces étrangers, vos maîtres et vos rois !
Vous êtes leur servante, ô lamentable ville !
Vous êtes à genoux, devant leur laideur vile,
Vous êtes à genoux, esclave, devant eux,
Devant ces ennemis, abjects et monstrueux !
C'est pour eux, c'est pour plaire à leurs âmes brutales,
Pour plaire à leurs instincts grossiers, d'épais Vandales,
De Levantins gluants, de Portugais visqueux,
De Borusses bouffis et criards, c'est pour eux,
Que vous vous promenez sous le gaz qui flamboie,
Sous le gaz du trottoir, blême fille de joie,
Offrant à leurs baisers répugnants votre chair !
C'est pour ces étrangers que vous n'avez plus l'air,
De notre reine, à nous, les Gaulois, de la reine
Pure ineffablement, noble, altière, sereine,

Digne du saint respect d'un amour immortel,
Mais de la fille au ventre obscène d'un bordel !
Servante du Barbare, est-ce que, pour nous autres,
Tant d'histrions-prècheurs, tant de pitres-apôtres,
Devraient justifier les ruts les plus brutaux,
Et nous les étaler, vivants, sur leurs tréteaux ?
Serions-nous assez fous, pour nourir l'espérance,
Que nous imposerons à l'âme de la France,
Parce qu'un cuistre impur hurle : Au Victor Hugo !
Pour génie un crétin, pour grand-homme un nigaud ?
Est-ce que nous, Gaulois, à l'âme généreuse,
Nous achetons jamais, la pâle malheureuse,
Que le Sort écrasa, que la Vie abrutit,
Et qu'une lâche bête, au front bas, de bandit,
Courbe sous son plaisir d'où monte une nausée ?
Et quelle horreur, au vrai Français, n'est pas causée,
Par l'immonde attentat de cuistres allemands,
Souillant nos mots de leurs érotismes déments,
Pour vendre à l'Univers « Gommerce gabidale ! »
Leurs bouquins sur lesquels ce nom « Paris » s'étale ?...
Oui ! dès que l'on vous voit laide d'un geste impur,
L'étranger, vous l'apprit, Paris, on en est sûr !

C'est lui, c'est l'étranger, qui vous maintient râlante
Dans la fange !... Le poids de sa main violente,
Le poids de sa main lourde, en ce brutal viol,
Vous tient, vous tient collée à la fange du sol,
Et vous nous reniez sous cette main qui pèse !
Vous êtes Allemande, Italienne, Anglaise !
Vous souriez à tous ces hideux animaux !
Vos voix disent leurs noms, vos murs clament leurs mots !
Et bientôt, l'on verra, sans que nul ne s'étonne,
Un « *trust* » américain, une « *Verein* » teutonne,
Un « *syndicat* » anglais, espagnol ou roumain,
Accaparer cet Arc qui marque le chemin,
Par lequel les soldats de notre grande Armée,
S'en allèrent, chantants, vers la pourpre enflammée
Du manteau, qu'en passant, coquette, sous leurs yeux,
La Victoire laissait traîner, au fond des cieux !

Paris, vous n'êtes plus une ville française !
La crapule allemande et la canaille anglaise,
Tous les monstres, chez eux, à la pudeur contraints,
Lâchent chez vous leurs ruts hennissants, à tous crins !

Votre sol, pour ces gens, est terre à colonie !
Que devient notre sang. notre art, notre génie,
Nos cultes anciens et nos traditions,
Au carrefour tumultueux des Nations ?
Que reste-t-il de nous dans la Babel étrange,
De nous, qui haïssons la laideur et la fange,
De nous, que la Beauté transporte vers le Bien,
Que reste-t-il de nous, dans notre Paris ?... Rien !
Non ! Ville sans honneur, où le barbare immonde,
Où l'étranger, accourt des quatre coins du monde,
Faces ignobles, fronts avides, groins goulus,
Nous vous disons que nous ne vous connaissons plus !

VI

LE POÈTE SE LAMENTE DEVANT
LA PROFANATION DE LA VILLE

Non ! Nous ne voulons pas être la décadence !
Non ! Nous ne voulons pas descendre dans la nuit !
Non ! Nous ne voulons pas pour guide la Prudence,
    Que la Lâcheté suit !

Non ! Nous ne voulons pas nous résigner à n'être
Que de vils histrions, des vendeurs de plaisir,
Un peuple d'amuseurs, de bouffons que tout maître
    Courbe à tous ses désirs !

Non ! Nous ne voulons pas que l'heure où nous vécûmes,
Soit une heure de honte, une heure à renier,
Que, dédaigneusement, on dise que nous fûmes,
 Les derniers des derniers !

Non ! Nous ne voulons pas que chaque Iscariote,
Place à bon intérêt, parmi nous, ses deniers,
Qu'il soit de droit le Chef, le Guide, le Pilote,
 Des derniers des derniers !

Et si l'on est tout seul, parmi des multitudes,
A crier follement : Cela ne sera pas !
Et s'il faut, écrasé d'immenses lassitudes,
 Renoncer aux combats !

S'il faut voir, malgré tout, ces effroyables choses :
La Gloire couronner des fronts de maquereaux,
Et les traîtres, passant dans des apothéoses,
 Insulter les héros.

S'il faut voir, malgré tout, notre ville adultère,
Maîtresse de quiconque y veut mettre le prix,
Et toute la laideur, de toute cette terre,
          Souiller notre Paris.

Oui ! S'il faut malgré tout que vous soyez livrées,
A l'avide étranger, splendeurs de nos aïeux,
Jamais nous n'admettrons que ces choses sont vraies,
          Qui nous crèvent les yeux !

Nous nous obstinerons à chanter notre Gloire !
Nous vivrons, en esprit, dans notre beau Passé !
Et nous nous bercerons du rêve d'une Histoire,
          Dont rien n'est effacé !

Nous nous croirons toujours au temps du Grand Empire !
Nous nous croirons toujours au siècle du Grand Roi !
Nous croirons, nous croirons, nous croirons ! Rien n'est pire
          Que de perdre la foi !

Nous placerons nos poings fermés sur nos paupières !
Nous placerons un voile épais sur nos deux poings !
Nous placerons encor sur le voile des pierres,
    Et nous ne verrons point !

Nous n'ouvrirons les yeux qu'à l'heure ou la nuit tombe,
Et si la vérité dans ces ténèbres point,
Nous irons nous cacher dans le fond de la tombe,
    Et nous ne verrons point !

VII

LE POÈTE IMPLORE LA VILLE

I

Non! je ne t'ai rien dit ! Non ! Je n'eus point d'insulte,
Pour toi, Cité sacrée et sainte, objet du culte
    De tes Gaulois agenouillés...
Non ! Ta robe n'a point d'ineffaçables tâches,
Tes fils ne sont point vils, tes fils ne sont point lâches,
    Tes pavés ne sont point souillés !

Non ! Tu redeviendras digne de ton beau rôle,
Le Flambeau bien-aimé du Peuple entier, l'Idole
    De son amour et de sa foi !
Tu seras digne, en tout, de ce peuple qui t'aime,
Digne de tes meilleurs enfants, et de toi-même,
    Et de ceux qui sont morts pour toi !

Tu seras la Gauloise au front ceint de verveines,
Dont la noble beauté, fait brûler dans nos veines,
    Tout le sang qu'y jettent nos cœurs !
Tu seras la Gauloise, en sa tunique blanche,
Qui, virginalement auguste, tend la branche,
    De laurier à ses fils vainqueurs !

Malheur alors, à qui dira de Toi — la Ville ! —
« C'est la Fille de joie, indulgente et facile,
    « Qui, débraillée et le sein nu,
« Va, dans les carrefours, front haut, sous la huée...
« Reine des lupanars, c'est la Prostituée,
    « Qui se vend au premier venu...

Malheur alors, à l'âme, ou roumaine, ou teutonne,
Qui dirait : « Achetons dans cette Babylone,
        « L'amour, l'honneur et le succès !..
« Soyons puissants, soyons aimés, soyons célèbres !...
« Tout se marchande, ignoblement, dans les ténèbres,
        « Chez ces imbéciles Français !

Car ils se trouveraient, ces criminels obscènes,
Flétris, marqués au front du fer rouge des haines,
        « Qu'exciteraient leurs désirs fous !
Car tes murailles, tes maisons, d'aube baignées,
Tes pierres leur crieraient, tes pierres indignées :
        « Soyez lâches et laids, chez vous !

II

Paris, nous laverons tes pauvres pieds sublimes,
    Sous nos pleurs et sous nos baisers,
Nous laverons tes pieds, que, sur de vierges cîmes,
    Nous voulons voir toujours posés !

Reine, nous étendrons sous tes pieds blancs nos songes,
    Nous étendrons sur tes chemins,
Un idéal tapis des plus divins mensonges,
    Qu'aient jamais rêvés fronts humains.

Nous te voulons la fine et pure aristocrate,
    Du Peuple aristocrate et fin.
Semblable à la cité d'Eschyle et de Socrate,
    Fière et blanche, et française enfin !

Tu seras la Sion qui trône sur les faîtes
    Des idéals les plus altiers,
Et tu suivras, Impératrice, tes poètes,
    Vers l'azur, par leurs bleus sentiers !

FIGURES BIEN PARISIENNES

FIGURES BIEN PARISIENNES

I

IL SIGNOR BAMBOLI

Il signor Bamboli, joli, joli, joli,
Si poli, si gentil, l'accompli Bamboli,
A de très blanches dents sous de noires moustaches.
Il semble soupirer pour toutes : « Tou m'attaches !
« Je loutte. Je me meurs d'amor por tes bos yeux ! »
Et ses sourires de velours, silencieux,

Ses sourires frôleurs, sous les moustaches fines,
Suggèrent clairement : « Femme ! tou me devines !
« Femme ! Ce que je sais quels désirs te sont dus ! (dous)
« Et ce que je voudrais, dans tes coins défendous,
« Entasser, enfoncer, des baisers par centaines,
« Qui te révèleraient nos nuits Napolitaines !... »

Il signor Bamboli, joli, joli, joli,
Si poli, si gentil, l'accompli Bamboli,
Dans des moules nouveaux, nous coulant l'Art Antique,
Vend du marbre factice... et du plâtre authentique,
Et c'est comme un symbole où tout est contenu,
Ce plâtre trop habile et ce marbre ingénu !
Autrefois, à Florence, une amie indiscrète,
— La traîtresse ! — m'ouvrit l'officine secrète,
Où le plâtre, en passant à travers un fourneau,
Prend un titre romain : *Marmor Castellino !*
Souvent, depuis, poussé par mes instincts caustiques,
J'ai repris le chemin de ces viles boutiques,
Qui sont le déshonneur du charmant Lung' Arno...
Et dès que j'y dis : Plâtre ! On m'y répond : Fourneau !

Femme, fuis Bamboli, ton ardent idolâtre...
Son art et son amour, va! crois moi, c'est du plâtre !
Castellino ! *Castellino* ! Retiens ce nom !
Castellino : du plâtre ! Et menteur qui dit non !

II

LE PRINCE KAROL ICACESCU

Monsieur Icacescu vient de Boukouresci.
Monsieur Icacescu (Karol) s'appelle ainsi,
(Bien qu'il soit très français de cœur et de génie)
Parce que ses parents l'ont fait en Roumanie,
Où, jusques à trente ans, il a toujours vécu.
Mais il est très français, Karol Icacescu.
A trente ans, il fonda — trait d'un esprit sublime —
« L'Oursicu », Société fortement anonyme,
Pour l'exploitation des fourrures « d'oursins » (!)
L'affaire fut néfaste à l'argent des voisins.
A la suite de quoi, l'ingrate Roumanie,
Refusant d'abriter plus longtemps son génie,
Il fut prié d'aller orner un autre sol.
Et Paris vit fleurir Icacescu (Karol).

Il y mange à présent, superbe sous son tube,
L'argent honnêtement volé sur le Danube.
Le pauvre sale argent des paysans roumains
Va se purifier en passant par nos mains...
Bien mal acquis profite... Allons, Paris, profite !
Karol Icacescu patronne l'art, invite,
Et reçoit l'Opérette et le Palais-Bourbon.
On sait qu'il est très fin. On dit qu'il est très bon.
L'impunité l'emplit de béate allégresse.
Son profil de César, s'estompe dans la graisse,
Et Paris applaudit et chante sa splendeur...
L'argent volé, si loin de nous, n'a pas d'odeur !

Est-il vrai, Prince, (car, ainsi que tous ces drôles,
Karol s'est anobli, pour ennoblir nos Gaules)
Que tu veux devenir un citoyen Français ?
Change à ton nom, d'abord, quelques lettres, tu sais !
Une syllabe au moins... crois-moi, Prince !.. Une seule!
Ton nom sonnera mieux : Karol Icacesg...!

III

DON PEDRO MAS CULPAS

Don Pedro Mas Culpas della Puerta del Sol,
Grand d'Espagne, a quitté, noble Espagne, ton sol,
Ton noble sol, le seul digne de sa noblesse,
Pour notre triste sol républicain... Faiblesse !
Sa hauteur montre assez qu'il fut faible, en quittant
Le superbe pays où, souvent, l'habitant
Est couvert de troupeaux si serrés, qu'on hésite
De l'homme ou des troupeaux quel est le parasite.
Caballero-Cubierto-de Calatrava,
Don Pedro Mas Culpas est propre. Il se lava.
Bien qu'au premier aspect (on en revient ensuite)
Son hâle ait l'air de crasse en son cuir jaune cuite,

Il est lavé... Mais il a l'air si noir, si noir,
Que tout lavé qu'il soit on ne peut rien en voir !

Don Pedro Mas Culpas est-il pauvre ? Est-il riche ?
Le ciel d'Espagne est lourd, le sol d'Espagne est chiche...
A-t-il un intérêt dans le coup du trésor ?
Ou dans quelques cactus près de Campo-Maior ?
Peut-être est-ce un filou ? Peut-être un homme honnête ?
Impossible en tout cas, d'en rien voir à sa tête !
Don Pedro Mas Culpas a l'air si noir, si noir,
Que s'il est honnête homme, on ne peut rien en voir !

IV

LE KOSAQUE LOURSOFF

Loursoff est un kosaque... et l'on s'en aperçoit !

Kosaque, à Paris, certe, on comprend qu'on le soit,
Mais il est renversant, mais il vous estomaque,
Qu'on soit kosaque au point ou Loursoff est kosaque.

Gros doigts, gros pieds,gros nez,bouffi bouffoir bouffon,
Grosse lourde bedaine à double et triple fond,
Qu'il bourre et bonde à faire éclater l'Albert-chaine.
Déboutonnant gilet et pantalon s'il gêne,
Glapissant d'une voix de tête, glapissant
Suraigu, sûr, fluté, de l'aigre ton perçant
Qui sort en général de ces panses obèses,
Il s'étale, il s'affale, il pavane ses aises.

Loursoff (être myope est dans son cas un don,)
Ne s'aperçoit jamais que ses façons du Don,
Figent, à son aspect, chacun la bouche bée....
La valetaille, au Cercle, est devant lui courbée,
Et le boyard balourd, lorsqu'il parle, entre ou sort,
Croit : Ce valet s'incline ! — Et le valet se tord...

Spectacle à dérider le front le plus revêche,
Je vis un jour Loursoff avaler une pêche,
Et je me suis juré, magnifique projet,
De pondre une épopée entière à ce sujet.
Sa bouche (avouons-le, la bienséance seule
M'empêche d'employer le terme propre g.....)
Sa bouche, se distend, se rétracte, se tord ;
Une langue géante, épaisse et bleue, en sort ;
La lèvre de dessus, qui se bande et se cache,
Dans le nez violet enfonce la moustache ;
Le lourd menton charnu dans un goître se fond ;
Un orifice noir, rond comme un O, tout rond,
Un orifice noir, sous lequel s'efface,
A remplacé le bas de son énorme face,

Dont le haut, contracté, ridé, plissé, réduit,
Est un tas pourpre où, seul, un petit œil gris, luit !

Le beau fruit, tout entier, par la gauche main lente,
Que le gourmand désir satisfait rend tremblante,
Le beau fruit tout entier, le beau fruit de velours,
Doux et frais comme un sein entre les gros doigts lourds,
Le beau fruit tout entier : noyau, peau mordorée,
Fosse de la cupule, et saignante, et dorée,
Double hémisphère enflé de parfum, le beau fruit
S'applique tout entier, au trou rond, plein de nuit :
On le voit encerclé des lèvres violettes,
La ligne des chicots, s'enfonce en ses fossettes,
Le gosier se dilate en un spasme glouton,
Le suc doré ruisselle aux côtés du menton,
D'un souffle jouisseur, le large nez se gonfle,
Un grand bruit de baisers juteux, gazouille et ronfle...
Et l'œil, le petit œil luisant, le petit œil,
Vers le doux flanc charnu, que ton soleil, Montreuil,
Para de velours d'or pour cette affreuse bouche,
L'œil, le petit œil gris, parmi les rides — louche !

V

MISTRESS J. BROWN (DE CHICAGO)

J. Brown, roi du cochon, dans la ville du Porc,
A laissé Mistress Brown, venir via New-York,
A Paris, seul endroit du monde où se professe,
L'art de garnir un dos et d'orner une fesse.

Le *Hérald* complaisant, le *Daily-Mail* naïf,
Prennent à cet exode un intérêt très vif.
Bluff à rendre envieux, Mark-Twain, ce goujat-pitre [1]
Sous un titre géant, sous un criant sous-titre,

---

(1) N'oublions pas que ce « goujat-pitre » a versé sur
Jeanne d'Arc le plus plat de ses vulgaires bouquins « *Per-
sonnal Recollections of Joan of Arc* ».

Chaque jour les « *papers* » commentent longuement,
Dans les moindres détails, le grand évènement :
— Mrs Brown ne prendra que deux cent vingt-six malles.
— Le voyage est remis : Douleurs rhumatismales !
— Le voyage se fait ! The *Pork-Queen is coming !*
— *Chicago's mourning !* Boum! *Pork-King lonely !* Dzing!..
— Mrs Brown et sa suite, ont, quinze jours d'avance,
« Retenu les meilleurs salons de la *Provence.*
— Mrs Brown s'embarqua par un beau soleil, hier...
— Le chien de Mrs Brown s'arrêta sur le pier !
— Mrs Brown a daigné sourire au Capitaine !
— La Reine du Cochon n'est pas encor certaine,
Si ce sera Paquin, ou Redfern, ou Doeuillet...
— Mrs Brown doit descendre au Ritz... Ritz seul lui plaît !
Alors, durant un mois, d'assourdissants vacarmes,
Sur la façon, dont Mrs Brown, garnit ses charmes.
Puis, enfin, le départ et des échos adroits
Clamant : Les Brown paieront dix millions de droits !..

Qu'a-t-elle acheté ?

   — Rien !... Rien ! Bon Français, tu penses
Dos et fesse ont chez moi fait de folles dépenses...

Hélas ! — Pour écouler un stock de Porc pourri
J. Brown, Roi du Cochon, t'envoya sa houri...
On a beaucoup parlé de sa cochonnerie...
Le client retiendra ce nom que chacun crie !

Mrs Brown n'emporta vers des climats meilleurs,
Que des notes d'hôtels... (Americains d'ailleurs !)

VI

CHUSKO MIRISKIEWICZ

O Boniche prends garde à toi, si tu connais
Chusko Miriskiewicz, révolté Polonais.
C'est un fauve héros — superbe ! — qui récolte,
(En paix !) les nobles fruits de sa noble révolte.
C'est un héros poilu, moustachu, chevelu...
Malheur, malheur à toi, Boniche, s'il t'a plu !
Et comment pourrait-il, ce héros, ne pas plaire,
A ton candide et doux, petit cœur ancillaire ?
Il sent mauvais ? — Et puis ?... N'est-ce pas par fierté !
Il est crasseux ! — Et puis ?... C'est pour la liberté !
Il ne se lave pas les pieds ?... — C'est pour qu'éclate,
Sa réprobation du geste des Pilate !

Enfin, s'il vient chez nous pousser de nobles cris,
Et faire son métier polonais à Paris,
C'est qu'il est trop humain, ce héros magnifique,
Pour n'être point, un révolté... très pacifique !

Boniche, amuse-toi ! Bah ! c'est l'essentiel !
Mais achète un grand pot d'onguent mercuriel !

VII

MESSIEURS LES ANGLAIS

Les vertueux Anglais, dégoûtés et contrits,
Pour pêcher en français, débarquent à Paris.
A peine de Saint-Paul ne voient ils plus le dôme,
Qu'ils songent à Gôm-Hor et rêvent de Sodome.
C'est qu'ils sont avertis ces Anglicans loyaux !
Le prêche leur fournit de bibliques tuyaux,
Et le sacré Bouquin des Prédicants, sature
Ces bons esprits d'un tas d'horreurs contre nature.

Hommes, femmes, chacun sait à quoi s'en tenir :
« Gay Paris, claiment-ils, nous te voyons venir
« En tremblant, gay Paris, ô honte de nos rêves,
« Que nos plus saints docteurs nous dénoncent sans trêves,

« Comme vendue à Gog et chère à Bélial,
« Et pourtant Béhémoth dans ton cœur filial,
« Gay Paris, nous voulons, cachés dans tes dédales,
« Nous remplir de la sainte horreur de tes scandales !

A Londre, ils ont acquis, en y mettant le prix,
Un bouquin « *Nocturnal pleasures of Paris* »
Ils savent le tarif de chaque maison close,
Et quel faux studio pour quel sadisme pose,
Et chez quel bouquiniste on vend tel livre affreux...
Aussi qu'ils sont choqués!..Oh!qu'ils sont malheureux!..
On les voit, arrêtés, devant certains libraires,
Béants d'horreur devant ces œuvres littéraires :
« *The Lust of the Lusty !* » « *Stiffling Stiffness!..* »

                                        Je sais
Qu'ils sont, ces titres-là, profondément français...
Et comprends, saints Anglais, votre sainte souffrance !

Mais pourquoi, saints Anglais, quand vous venez en France,
(Est-ce nous, saints Anglais, nous qui vous débauchons?)
Pourquoi vous servez vous toujours de nos Cauchons ?

VIII

ÉMILE VAN JOURDAIN,

Poéte National Belge.

Emile Van Jourdain, qui fait des vers en prose,
Et de la prose en vers, nous fit savoir par Chose,
—Chose... vous savez bien ! Du *Mercure Français !* —
Qu'il (Van Jourdain !) « *détient le record du succès
D'estime !* » Oyons chanter ce mièvre (1) nostalgique.
Ouie ! Ouie ! (2) Ils n'y vont pas de main morte, en Belgique,

---

(1) Tel fin parisien n'est pas trop ridicule,
   Un peu mièvre... Mais quand un lourd flandrin d'hercule,
   Penche en « minçant » ses mots son bon front de gros gas,
   Juste ciel, que ce cuistre a donc des airs gagas !
(2) Interjection belge qui peut se traduire par *Aïe !*

Quand ils ont mal à l'âme, ils vous le font savoir,
Et leur noir est d'un noir excessivement noir...

« Mon âme a mal
Otez vos sandales,
Mes sœurs...
Mes sœurs ôtez vos sandales !
Mon âme, elle a du mal... (1)
Mon œil se mouille
Ouie ! Ouie !

———

J'ai marché trente ans,
Et c'est bien longtemps,
Mes sœurs !...
Je suis fatigué,
Ça n'a rien de gai...
Mon œil se mouille
Ouie ! Ouie !

———

(1) La « poeshie » est de M. Maeterlink, la faute de français de
M. Emile Verhaeren.

Oh ! Je ne prétends pas que ce soit très malin...
Mais c'est plein d'un symbole énorme. Plein ! Tout plein.
Celui qui chante (?) ainsi, « l'infini le suffoque » :
Il est donc naturel qu'il paraisse loufoque...
Vous qui lisez ces « ouie » navrants, vous en riez,
Mais si vous suffoquiez d'infini, vous verriez,
Et l'on vous trouverait probablement moins crâne,
Tout un infini belge (oh ! pesant !) sur le crâne.

Le « flave » Van Jourdain est « palide » (ô ma sœur !)
Sa bouche s'encupoule à « pétrir en minceur » (voui !)
Des sons bleus, gemmés d'or, que son pilon pilule.. (sic)
Et souvent d'une voix buccinante (!) il hullule :
— « Je casse en cris nouveaux le mur noir des échos!..»

Autour de lui, les bons gros belges, doux cocos,
Se disent : «Van Jourdain, on est trop bête, en Flandre,
«Tous ses cris bleus, tous ses cris noirs, pour les comprendre...
« Mais à Paris, les gens sont malins à Paris!
« Van Jourdain à Paris n'est pas un incompris !

« Ici, Deman n'a pas vendu deux exemplaires,
« De ses charabias teutons tentaculaires ;
« Le pauvre se ruine à se faire imprimer !
« Mais à Paris, il dit qu'il s'est fait estimer,
« Et que les Fransquillons, malins comme des singes,
« Ont tous des vers pareils tapis dans les méninges :

— « Mon âme... elle a du mal...
Mon œil se mouille,
Ouie ! Ouie !

Les doux Parisiens, eux, se disent : « En Flandre
« Il paraît que ce style obscur se peut comprendre ;
« Le Flamand, qui sous son air bonasse est très fin,
« Sait qu'on distingue un sot, d'un habile écrivain,
« En ce que le premier autour de mots s'escrime,
« Tandis que l'autre sent, pense, rêve —et l'exprime...
« Si donc Valette vend, comme des petits pains,
« (il l'affirme !) dans les marécages Campins,
« Ces salades de mots où la brume se hume,

« C'est que les villageois flamands aiment la brume,
« Et l'art de Van Jourdain est un art (très bel art !)
« Qui consiste à pétrir un cerveau de brouillard...
« C'est art n'est pas pour nous! Non ! Que Dieu le bénisse!
« Lire ce belge-là, nous donne la jaunisse...
« Il faudrait le traduire en français tout d'abord...
« Mais puisqu'on le comprend chez lui—c'est qu'il est fort!

Emile Van Jourdain, Farceur tentaculaire,
Ta double édition d'invendables m'éclaire :
Valette vend... en Flandre et Deman... à Paris,
O flave incohérent, plus un mot, j'ai compris !
Même pour des crétins, à Paris comme en Flandre,
On parle ou l'on écrit pour se faire comprendre !
Tu n'en crois rien.. Tant pis! Mais je te dis, sans fard,
Que ton art est un art, qui n'est art, nulle part !

IX

L'OISEAU DE PASSAGE

Un « papiros » au bout doré pendant aux lèvres,
De pâles yeux gris clair, ardents de froides fièvres,
De pâles yeux gris clair, clairs glacialement,
Qui semblent faits pour voir du rêve, seulement,
De pâles yeux gris clair, aux prunelles remplies
De sages déraisons et de calmes folies ;
Un teint blême où resta comme un reflet blafard
De neige, un teint sur quoi la poudre a l'air de fard ;
Un front étroit, têtu sous la toque de loutre ;
Un complet tailleur noir, dont la minceur l'accoutre,
Comme si, sous l'étoffe, on trouvait le corps nu ;
Un corps aux gros os durs, qui n'a rien du menu,

Du fluet, du léger, de l'ondoyant corps svelte,
Fait de grâce latine et de souplesse celte.
Conspiratrice ?

> — Bah !
>> — Sage ?
>>> — Il faut bien !
>>>> — Bas bleu?

— Pieds noirs tout au plus !

>> — Froide ?
>>> — Irait au feu.. sans feu !..

LES CAPITALES

A ATHÈNES

Chère Athènes, doux front couronné de lumière,
Même pour exalter l'orgueil d'un autre nom,
Il ne dira jamais : Tu n'est pas la première !
Le poète qui vit ton divin Parthénon.

Mais la ville qu'il chante ici, sa capitale,
Gauloise aux cheveux bruns et française à l'œil bleu,
Ne la jalouse point, s'il la dit ton égale...
Elle est un peu ta fille et te ressemble un peu !

I

LE DÉFI DU POÈTE

Chaque peuple a sa ville, entre toutes chérie,
Où triomphe sa gloire, où brille sa beauté ;
Temple qu'édifia l'amour de la patrie,
    Cîme où trône sa royauté.

Chaque Peuple a sa Ville-autel, sa Cité-faîte,
La Déesse par qui son rêve est couronné,
Radieuse œuvre d'art, que tous ont un peu faite,
    Noble front que tous ont orné.

Devant le Chœur Sacré des lumineux poètes,
Nations! que paraisse aujourd'hui, tour à tour,
Chacune des Cités-autels, des Cités-faîtes,
     Que divinise votre amour !

Nous saluerons, nous chanterons, ces Immortelles,
Dont le génie humain décora l'univers,
Et nous couronnerons ensemble, la plus belle,
     D'un chapel de fleurs et de vers...

II

LES CAPITALES

LONDRES :

Pâle rêveuse, en une gaze rousse
Enveloppant ses cheveux blonds et ses yeux bleus,
Voit le monde apporter des trésors fabuleux,
Vers ses pieds dédaigneux de reine, altière et douce.

Mais la pâle rêveuse aux désirs nonchalants,
Laisse ces vains trésors à des fourmis humaines,
Et ne songe qu'à fuir vers ses royaux domaines,
De grands bois verts, de côteaux bleus et de lacs blancs.

Dollis-hill, la regarde avancer vers ses chênes.
Aux bruyères d'Hampstead, elle dit : Nous viendrons !
Et déjà, descendant les collines prochaines,
Richmond la voit courir, vers ses rhododendrons !

II

MADRID :

Vers la sierra lointaine, teinte en mauve,
Sous un ciel pur d'Attique, au mois Thargélion,
La plaine fuit — d'un roux intense, d'un roux fauve,
Comme un pelage, ardent et chaud, d'ardent lion !

Seul, au fond, entouré d'immenses colonnades,
Cachant toute une ville, emplissant tout le ciel,
Alignant, solennel, de pompeuses façades,
D'un marbre lumineux, presque immatériel,

6

Magnifique, se dresse un grand palais de fées...
Un palais merveilleux, d'ombres de rois hanté,
Elevant dans l'azur épais, vivants trophées,
La Princesse Charmante et le Prince Enchanté !

III

BERLIN :

Une beauté, plantureuse et robuste ;
Chair vivante où circule et boût un sang vermeil,
Seins féconds, fleurissant de deux roses le buste,
Casque de cheveux roux où flambe du soleil.

Le toit est neuf ; le marbre luit ; l'hôtesse est fraîche ;
Le bronze est patiné par l'art ; les ors sont vifs ;
Partout l'on voit, sous leur peinture, à peine sèche,
Des fleurons Louis-quinze, étrangement massifs.

Le Germain aux bras lourds qui te prend à la taille,
Ville au vaste corsage, au gros rire éclatant,
Fait l'amour à pleins poings — comme un autre bataille ;
Et ta grâce est moulée au torse du Titan !

IV

MOSCOU :

Slave farouche aux étranges coupoles :
Dômes de cuivre vert, toits d'or étincelants,
Murs écaillés d'airain, bizarres acropoles
Où la couleur partout flambe en tons rutilans.
L'intense pureté lumineuse des pôles,
Luit entre les créneaux en âpres rayons blancs...

Elle est pareille, sombre et froide souveraine,
Aux filles des Kosaks indomptés de l'Ukraine,
Dans leurs longs manteaux noirs, brodés de cent couleurs.

Leur douceur est farouche et leur ardeur sereine,
Et leurs yeux violets, mystérieuses fleurs,
Sont pleins d'un calme deuil, qui rit parmi des pleurs.

V

CONSTANTINOPLE :

Au bord du sinueux Bosphore,
L'Hellène-turque, étend son corps voluptueux :
Sequins, paillettes d'or, gaze multicolore,
Caftan de velours pourpre, épais et somptueux.

Au fond, Dômes trapus et bas, une mosquée,
Entre six minarets, d'un marbre aérien,
Se campe lourdement, d'étain blême casquée,
Ainsi qu'un sombre front de chef circassien.

Dans le ciel clair, des vols rapides de colombes,
Font de grands ronds, parmi les sveltes minarets,
Et d'immenses bois noirs, cachent le deuil des tombes,
Qu'enveloppent de paix leurs fidèles cyprès.

VI

BERNE :

Est assise au bas de sa colline verte :
Suissesse au noir corsage étoilé d'édelweiss,
Bonne face joyeuse au large rire ouverte,
Fraîche comme Gretchen, blonde comme Cérès.

Le fouillis de ses toits aux reflets violâtres,
S'étalant sur de lourds pignons, trapus et bas,
Rit, parmi des côteaux où flotte autour des pâtres,
Un tintement d'argent, qui ne s'interrompt pas !

Et derrière, très loin, au bout des avenues,
Rose dans le ciel d'or, blanche dans l'azur clair,
Accrochant à ses pics des écharpes de nues,
L'Alpe resplendissante emplit le calme éther.

VII

NEW-YORK :

Géante brune, aux beaux bras nus, que souille,
— Sombre sur la blancheur des fermes bras musclés —
Un poudroîment viril de poussière de houille ;
Géante aux yeux d'enfant, de rires étoilés.

Elle se hausse, elle se fait plus grande encore,
Elle porte son front plus haut — plus haut toujours,
Pour voir sur la mer pâle, où rayonne l'aurore,
Les steamers effilés glisser sombres et lourds.

Et la géante rit en agitant ses voiles,
— Car son âme d'enfant laisse voir sa fierté —
Ses voiles dont l'azur montre quarante étoiles :
Langes qu'en son berceau, plaça la Liberté !

VIII

AMSTERDAM :

Fraîche et rose, en bonnet de dentelles,
Grand bonnet virginal, tissé de vierge lin,
Grand bonnet lumineux, tissé de rêves frêles,
Grand bonnet blanc, où court un ruban zinzolin.

Et tandis qu'à l'abri des pignons écarlates,
Sous les épais tilleuls au feuillage mouvant,
L'eau brune des canaux songe à des plaines plates,
Qui dominent, au loin, de vieux moulins à vent,

Sous le bonnet de rêve idéal, la Flamande,
Ame joyeuse, songe à des âtres flambants,
Où des poulardes d'or roussillent — et, gourmande,
Elle polit sa lèvre au satin des rubans...

IX

ROME :

Brune beauté, fine et patricienne ;
Fier visage mobile, aux purs contours latins !
Et nul ne la croirait la Mère, l'Ancienne,
A voir ses yeux brillants de l'ardeur des matins.

Décor fait pour les Dieux et les apothéoses,
Sol plus proche des cieux que tous les autres sols :
Aqueducs écroulés sur des collines roses,
Balustres ombragés de lourds pins parasols.

Et de tous les côtés, sans que rien le dérobe,
Bleu, d'un bleu pâle et doux, presque immatériel,
Le dôme de Saint-Pierre est tel qu'un vaste globe,
Qu'un poing impérial tiendrait au fond du ciel.

PARIS

I

En est-il parmi vous, Cités, autels et faîtes,
Que chaque Nation avec son âme a faites,
    Fleurs divines, joyaux sans prix,
En est-il parmi vous, Capitales du monde,
Qui ne soit en beauté, comme en gloire, seconde,
    A notre Ville à nous : Paris !

Pélerin qu'exaltaient tes grâces souveraines,
Que de fois j'ai gravi les coteaux de Suresnes,
    Lorsque midi vient les dorer,
Pour me pencher sur toi dans ta plaine étendue,
Et l'âme d'allégresse et d'orgueil éperdue,
    Te contempler et t'adorer !

L'Est, éternellement voilé de brumes pâles,
Sertit, à l'horizon, de saphirs et d'opales,
    Ta diaphane tour Eiffel,
Le nuage léger qui dans les airs s'élève,
Pavoise noblement, ta svelte tour de rêve,
    De gonfanons couleur de ciel.

Opposant au Couchant, ses murs de citadelle,
Ferme, comme l'espoir qui vit au cœur fidèle,
    Serein, comme l'éternité,
Le temple immaculé dresse sa voûte ronde :
Témoin qu'il faut aux Dieux, pour régner sur le monde,
    Ta foi dans leur divinité !

Au-dessus du croissant de verdure vermeille,
Tout l'horizon s'emplit de toits bleus, s'ensoleille
    De clairs monuments radieux :
Colonnades, clochers, dômes, beffrois, portiques,
Frontons de marbre grecs, fleurs de granit gothiques,
    Espoirs d'hommes, rêves de dieux !

Et quand le soleil meurt, sur les Champs Elysées,
Quand nos âmes, de soir majestueux, grisées,
          Se drapent de son pourpre orgueil ;
Qui n'a point envié les fils de notre Race,
En traversant l'épique et glorieuse Place
          Dont huit Cités gardent le seuil !

L'Arc de Triomphe, au loin, au bout de l'Avenue,
Encadre un large pan brûlant, d'ardente nue,
          De son plein-cintre colossal,
L'Arc se dresse, géant, dans des flammes de gloire,
Les vastes ailes d'or, de farouches Victoires
          Emplissent le ciel triomphal.

L'Arc se dresse, géant, sur l'horizon immense !
Paris finit là-bas — et le monde commence :
          Confins de deux immensités !
C'est sur tout l'infini que s'ouvre cette Porte,
Et l'Univers n'est plus qu'un piédestal qui porte
          L'Impératrice des Cités !

II

Paris ! Paris ! Front qui nous hante !
Front diadémé de rayons !
Nous te voyons ! Notre âme chante !
C'est la Beauté que nous voyons !
A te contempler dans ta grâce,
Capitale de notre Race,
Une âme nouvelle en nous passe :
Nous espérons et nous croyons !

Pour nous tes murailles hautaines,
Tes chers murs, quand nous sommes las,
Sont, ce qu'était aux fils d'Athènes,
Le bouclier d'or de Pallas !
Paris, devant ton harmonie,
Nous sentons que notre génie,
Nous a fait la race bénie,
Et que nous ne périrons pas !

Nous ne doutons plus de nous-mêmes,
Et nous n'accusons plus le Sort !
Tes monuments — nobles poèmes —
Nous arracheront à la Mort !
Nous nous survivrons dans leur pierre !
D'un peu de sa douceur altière,
Notre âme a pétri leur matière,
Où notre plus beau rêve dort !

Au rang des races condamnées,
Qui donc crut que nous passions ?
Nous sommes pour bien des années,
A la tête des Nations !...
Oui, pour bien des siècles encore,
Dans l'ombre des nuits qu'il colore,
Ton front fera comme une aurore,
Pâlir les constellations !

BONS CONSEILS A UNE PROSTITUÉE

BONS CONSEILS A UNE PROSTITUÉE

I

Tais toi ! Ne me dis plus tes raisons pour te vendre !
Ne me torture plus de tes hideux tourments !
Tais toi ! Ne parle plus ! Je ne veux plus entendre,
L'histoire de ta faim et de tes dénuments !

—Plus de pain! Plus de feu! La chambre était glacée...
Tu n'osais plus sortir... Les gens, quand tu passais,
Se retournaient, riaient de ta marche lassée,
De ta robe en haillons... — Je sais cela ! Je sais !

— On allait t'expulser de ce dernier asile,
De ce taudis funèbre où tu te blottissais,
Et c'était ta détresse offerte à la grand'ville,
Ta nudité jetée à l'égoût... — Oui ! je sais !

— Nul n'avait de pitié... Nul ne voulait t'entendre...
On te fuyait, en devinant que tu pensais
Ces pauvres, faibles mains maudites, à les tendre
Vers un secours... vers une aumône...—Oui! Oui! Je sais!

— Mourir ! Tu n'avais plus que ce recours suprême !
Quand, devant un miroir, par hasard, tu passais,
Tu croyais voir, déjà, sur ton visage blême,
Les doigts noirs de la Mort...—Je sais ! Je sais ! Je sais !

Tais toi ! Ne me dis plus ces effroyables choses !
Ne me torture plus de ton hideux tourment !.. •
De ce que tu fis, toi, que m'importent les causes...
Toi, je t'absous complètement !... Complètement !

Je ne poursuivrai point tes pas de ma huée,
Car celui qui s'attaque au faible a toujours tort.
Je ne m'attaque pas à toi, Prostituée,
On n'est mon ennemi, que lorsque l'on est fort.

II

Je te plains et jamais je ne te dirai, Femme,
Un seul mot de mépris, un seul mot de dégoût ;
Tu n'entendras de moi, pas même un mot de blâme,
Et je veux te donner un conseil... voilà tout !

Cette effroyable bête abjecte qui t'achète,
Pour apaiser ses sens, ton lamentable corps,
Cette effroyable bête abjecte, cette bête,
Traite la, c'est ton droit, sans pitié, ni remords :

Tâche de la voler ! Vole, à l'ignoble brute,
Cet or que tu vois luire à travers ses gros doigts ;
Et s'il le faut, cet or, pour le prendre sans lutte,
Fais la dormir en paix !... C'est ce que tu lui dois !

Oui, Oui ! tu peux tuer, sans être meurtrière !
Ecoute ! C'est ton Droit ! Crois-moi ! C'est ton Devoir !
L'homme fut monstrueux, même sur ta prière,
De faire son extase, avec ton désespoir !

Jette au néant le lâche immonde ! Chloroforme,
Couteau, lacet, poison, fais ce que tu pourras !
Que l'infâme acheteur de misère s'endorme...
Il paya pour trouver l'infini dans tes bras !

Donne un coup de poignard au milieu de son buste !
Un seul, pour que le drap ne soit pas trop tâché !
Le cœur est là qui bat ! Frappe fort ! Vise juste !
On lavera le drap... c'est bien dans le marché !

Frappe fort ! Et tandis que l'acier luit et perce,
Et que la bouche s'ouvre, et qu'un long râle en sort,
Et que la tête pend, livide, à la renverse,
Dis : Tu me l'as payé, mon coup ! — Et frappe fort !

Ne crains rien ! L'être affreux que ton geste supprime,
— Nous allons parler net, sans nous leurrer de mots !—
Bestial, te traitait en bête et qui dit : Crime !
A qui verse le sang impur des animaux !

III

Songe quel monstre il est... Quel monstre il fut... cet être!..
Tu ne le comprends pas, sans doute, pauvre front,
Mais penche toi, je vais te le faire connaître,
Et tel qu'il est, tes yeux, à leur tour, le verront !

Ce qu'il se dit tout bas, dans l'ombre de son âme,
Ce qu'il se dit tout bas, je vais te le crier...
Tu comprendras alors, que nul juge ne blâme
          Ton geste meurtrier !

« Femelle, front maudit, songe ce misérable,
« Ou la Honte ou l'Honneur, ou le Bien ou le Mal,
« Il t'importe fort peu ce problème effroyable ;
« La Laideur, la Beauté, cela t'est bien égal.

« Tu n'es plus que l'esclave ignoble, que la bête,
« Que la Chose flétrie et le Jouet souillé,
« Toujours offerte à tous et te proclamant prête,
          « Tout l'être agenouillé !

« Pour détendre ma chair tu me suffis, femelle !
« Sans doute mes baisers te dégoûtent un peu,
« Car il faut, malgré tout, qu'on s'étreigne et se mêle,
« Et se fonde en un seul, en cet ignoble jeu...

« Sans doute, de sentir, sur ta bouche posée,
« Ma bouche, qui te boit, sans ivresse et sans goût,
« Te soulève le cœur, te donne la nausée,
          « T'étouffe de dégoût !

« Mais va ! Pour t'évader, tandis que je t'embrasse,
« Tandis que je te souille, en te versant aux flancs,
« Mon amour, saleté dont je me débarrasse,
« Songe à ce que cela va te valoir de francs !...

« Puis d'ailleurs, je m'en f... que ton cœur se soulève !
« Si tu te vends, tu sais probablement pourquoi !
« Subis moi : mes baisers, mes étreintes — ou crève !
« La Mort, femelle... — ou Moi !

IV

Je te dis : profiter de ce qu'un être souffre,
De ce qu'il se débat, dans la fange jeté,
Pour l'écraser, sous son plaisir, au fond du gouffre...
        C'est une lâcheté !

Je te dis : profiter de la faim qui tenaille
Un pauvre être maudit et par tous rejeté,
Pour se pâmer d'amour dans sa chair qui défaille,
        C'est une lâcheté !

Je tè dis : profiter de ce qu'une âme tombe,
Pour se ruer sur elle en lui criant : « Je t'ai !
« Fais ce terrible choix : ma luxure ou la tombe !
        C'est une lâcheté !

Au front obscur, qu'un poids d'ignominie écrase,
Crier « ton désespoir, qu'à bas prix j'achetai,
« J'en ferai mon plaisir, j'en ferai mon extase ! »
          C'est une lâcheté !

Et je te dis encor : Femme, tuer un lâche,
Ecoute et pèse bien mon affirmation,
C'est, loin d'être un forfait, c'est une noble tâche,
          Une bonne action !

Laver l'humanité d'un peu de laideur bête,
Viola-t-on la loi, dans l'opération,
C'est un geste sacré, c'est, je te le répète,
          Une bonne action !

Donc, celui qui se prête à ce commerce immonde :
Acheter ta misère et ta triste impudeur,
Je dis : C'est bien !... si tu débarrasses le monde,
          De sa lâche laideur !

V

Quand tu comparaîtras, plus tard, devant tes juges,
Femme, si tu le veux, tu peux crier ceci :
— L'homme qui m'indiqua mes suprêmes refuges,
Et qui m'a dit : « Tu peux tuer ! » est-il ici ?

Le front qui dirigea ma main inconsciente,
Le cerveau qui pesa le geste que j'ai fait,
La lèvre qui m'a dit, à moi, pauvre ignorante :
« Tuer ce monstre là, ce n'est point un forfait ! »

Cet homme qu'on croit sage et qu'on assure honnête,
Et qui m'a déclaré : « Frappe ! Je frappe aussi ! »
Cet homme qui parlait haut et fort, ce poète,
Mon conseiller, mon confesseur — est-il ici ?

Qu'il vienne s'accuser ! Qu'il vienne me défendre !
Juges ! c'est lui qui fit ce cadavre — et pas moi !
C'est lui, le meurtrier que vous devez entendre !...

Clame cela bien haut... Je serai près de toi !

L'ORGUEIL DES TROIS VILLES

L'ORGUEIL DES TROIS VILLES

I

LONDRES

— Athènes, la cité divine, calme et sage,
Tunique de lumière et manteau violet,
Front pur, dans la fraîcheur qui souffle du rivage,
Est la cité qui me ressemble et qui me plaît.

Elle regarde et pense ; elle contemple et rêve ;
Elle est debout au bord de la mer et le vent
Fait flotter le péplos que son genou soulève,
Car elle est toujours prête à marcher en avant !

Car elle est toujours prête à courir la première,
Du côté de l'azur et du jour, du côté
Ou le front fier se peut couronner de lumière,
Ou l'œil noble et hautain peut s'emplir de beauté !

Planant sur les sommets son âme enthousiaste,
N'adhère à rien de vil, n'accepte rien de bas.
Elle est l'aristocrate, ineffablement chaste :
Qui sait la conquérir ne la possède pas !

II

BERLIN

— Sparte, voilà ma ville, et je ressemble à Sparte !
Nos deux âmes, toujours, semblent vibrer d'accord.
On me hait... mais de loin ! car la haine s'écarte
    De la route du fort !

Je n'ai pas de remparts et pas de citadelles...
Je n'en ai pas voulu... Sparte n'en voulait point !
Mes murs, ce sont les bras de mes soldats fidèles,
    C'est mon glaive à mon poing !

J'ai l'orgueil d'être forte et l'honneur d'être brave !
Ma joie est d'être armée, et toujours, ils verront,
Le Gaulois babillard, le taciturne Slave,
    Mon casque sur mon front !

L'un bavarde de paix, l'autre rêve d'un monde
Où le lâche serait glorieux et vainqueur...
Contre l'armure d'or, moi, volupté profonde,
        Je sens battre mon cœur !

L'un chante, l'autre songe — et moi je les regarde !
L'un se grise de mots, l'autre sculpte du vent...
Le bon glaive d'acier dont je serre la garde,
        N'a rien de décevant !

Les vains mots du premier soumettront-ils une âme ?
Que doit faire le vent des gestes du second ?
J'esquisse, lorsque luit l'éclair froid de ma lame,
        Un geste plus fécond !

Je sème de la crainte — et de Gaulois et Slaves,
Doux chanteurs, doux rêveurs confiants et sereins,
Je fais mes serviteurs, mes sujets, mes esclaves :
        Polonais et Lorrains !

III

PARIS

— Moi, Corinthe est ma mère et pourtant je renie,
  Celle à qui je ressemble en tout,
Celle dont j'ai le charme et dont j'ai le génie,
  Ouvert à tous, compris partout.

On peut être plus fière, on peut être plus fine,
  Mais cela demande un effort !
Etre Berlin la brave, ou Londres la divine,
  Exige un cœur superbe et fort.

Moi, je suis sans orgueil et je ne suis pas forte.
  Je suis bonne fille... voilà !
Dès qu'un déshérité vient frapper à ma porte,
  Je lui dis : Entre ! Assieds-toi là !

Je tends les bras à tous. Mes beaux bras nus, faciles,
    Au monde entier sont large ouverts...
On accourt vers mes mains, vers mes lèvres dociles,
    Des quatre coins de l'Univers !

Auberge? — Si l'on veut!.. Lupanar?.. — Il n'importe !
    Du Saronique aux Alcyons,
Corinthe, en souriant, voit venir vers sa porte,
    Les transfuges des Nations !

Je suis bonne. Je suis indulgente et clémente.
    Mes jours sont beaux, mes soirs sont doux !
Pour chacun et pour tous j'entends être charmante...
    Tant pis pour ceux qui sont jaloux !

S'il se trouve, parmi les enfants de mes Gaules,
    D'âpres rêveurs au cœur amer,
Qui voudraient, eux aussi, me draper aux épaules,
    Un manteau plus rare et plus fier,

S'ils me jugent frivole et soumise au caprice
   De l'étranger qui vient ici,
S'ils me disent : Paris ! Paris ! Impératrice,
   « Ne lève pas ta robe ainsi !

Je ne me fâche pas ! Je les écoute dire...
   Chacun peut parler à son tour !
Ils peuvent me blâmer, ils peuvent me maudire,
   Ils sont jaloux... c'est de l'amour !

Je me console ainsi. Pas de bruit ! Pas de scène !
   Voyez mes temples, mes palais,
Mes ponts d'or sur les flots paresseux de ma Seine...
   Mes bras nus, dans leurs bracelets !

LETTRE DU POÈTE BELGE M...

A SON CONFRÈRE ET AMI KAEYENBERGII

LETTRE DU POÈTE BELGE M...

A SON CONFRÈRE ET AMI KAEYENBERGH

Bien que ton vers soit lourd, que ton style soit lent,
Kaeyenbergh, tu n'es pas dépourvu de talent.
Aussi je te le dis, ami plus que confrère,
Des cercles Bruxellois tâche à vite t'extraire.
Je m'engage à t'aider à conquérir Paris :
Il suffit de vouloir et d'y mettre le prix.

Surtout réfléchis bien, tâte bien ta nature,
Evite, si tu peux, cette mésaventure,
Qui me coûta jadis trois cents louis (300 !)

Tu t'en souviens, lorsque, voilà bientôt seize ans,
Plein d'une volonté calme mais énergique,
Je quittai, pour Paris, notre « brave » Belgique,
J'allai me présenter au cher Maître Mirbeau.

— Que voulez-vous ? Me dit, ce haut suppôt du Beau.

— Je suis timide, fis-je, et me sens ridicule ;
Pourtant, comme je viens d'encaisser Tante Ursule,
Je voudrais à Paris, placer mon capital. .

— J'entends ! Tu veux un coup de piston du journal ?

— En effet !

        — Quel métier te tenterait, en somme ?

—Oh! le meilleur métier qui soit, Monsieur!..Grand'homme.

— Cela coûtera cher, répliqua-t-il pensif.
Pourtant dans ce pays si gobeur, si naïf,
Le métier de Grand'homme, à qui n'est pas trop bête,
Vaut, sinon la fortune, au moins l'aisance honnête...
En quoi te plairait-il, d'être éminent ?.. Veux-tu
La Politique ? L'Art ? Les Lettres ? La Vertu ?
Te sacrerons-nous Saint ? Homme d'Etat ? Artiste ?

Philantrope ? Poète ? Augure ? Economiste ?
Que sais-tu faire ?

— Tout !

— Que veux-tu faire ?

— Rien !

— Homme de Lettres donc ! Oui ! Cela t'ira bien...
Quel genre voudrais-tu cultiver ?

— Les Actrices !

— Ces Flamands ! Facultés fortement créatrices !...
Le théâtre t'attire ?... En as-tu déjà fait ?

En cherchant bien, je pus déclarer qu'en effet,
Au collège, jadis, j'ébauchais des piécettes,
Qu'on imprimait parfois dans de vagues gazettes.
Mon dialogue était dans ce jargon de Gand,
Où l'on semble toujours trouver trop fatigant,
trop poseur, trop rempli de « fransquillonne » emphase,
D'avoir plus de trois mots dans une seule phrase.
J'ajoutai (car au fond je n'ai rien d'un matois)
Que nul ne comprendrait mon étrange patois

Sténographique.

      — Quoi ! Clama Mirbeau : Comprendre ?
Mon pauvre enfant naïf, faut-il donc te l'apprendre :
Etre compris c'est l'Art, incompris le Grand Art,
Mais ce qui vaut bien mieux : casquer c'est le Pétard !
Casqueras-tu ?

      — S'il faut !

      — Combien? Nomme la somme...
Tu veux être grand'homme et tu seras grand'homme,
Mais la grandeur dépend du capital, mon cher !...
Capital = piédestal plus ou moins grand : c'est clair !
Voici ! Se faire un nom est long et difficile :
Il faut, pour commencer, agripper l'imbécile,
En sous-titrant son nom obscur d'un nom fameux...
Tous les auteurs huppés le firent... Fais comme eux !
En raison du pognon que tu voudras y mettre,
Nous te décernerons, dans notre gent-de-lettre,
Un titre officiel, un surnom laudatif,
Que tu pourras choisir, d'après notre tarif.

Les surnoms grecs sont bon marché. Passés de mode !
« Quel Pindare ! » a-t-on dit de tous les faiseurs d'ode.
C'est pompier. C'est mil huit cent onze. C'est banal.
Cela vaut un ruban du Christ du Portugal.
Les titres grecs, portés dans ton art dramatique,
Vous prêtent un faux air cuistreux et pédantique ;
Enfin si ton pécule est trop mince, choisis :
Euripide, Sophocle, Eschyle... Cent louis !

Un bon titre français vaut mieux, beaucoup mieux certe !
Puis le choix est plus grand, la liste plus ouverte...
Tu seras à ton gré, nous ne marchandons pas :
« *Corneille Brabançon !* » « *Musset des Pays-Bas !* »
« *Racine de l'Escaut !* » « *Victor Hugo de Flandre !* »
Choisis, mon bon, choisis !... Il suffit de s'entendre !..
Ces surnoms te feront des milliers d'envieux !
Et c'est bien mieux porté qu'un surnom grec...Bien mieux!
On peut sourire encore, on n'ose pas se tordre.
Cela vaut, à peu près, dans l'échelle des Ordres,
La Légion d'Honneur ! Parle !... Je t'éblouis ?
Et pour toi, ce sera pour rien... deux cents louis !

— N'avez-vous rien de mieux ?

          -- Si fait ! Bien mieux encore !...

Nous avons les géants que personne n'ignore

Et que nul ne connaît. Les géants inconnus,

Que croient connaître à fond les crétins ingénus.

Ceux en qui s'incarna toute une âme étrangère,

Et dont l'âme française, ignorante et légère,

Croit pouvoir savourer les songes adorés,

Dans le fatras niais de sots *tradittorés !*...

Leur prestige est immense, immense est leur empire.

Le premier, entre tous ces géants, c'est Shakspeare.

Made in Engtand ! Rien n'est plus select, plus rupin !

Cela vaut l'Aigle-Noir, la Toison-d'Or, le Bain,

Si le public mordait, pour toi plus de déboires !...

Mais c'est trois cents louis...sans compter les pourboires !

Moi, naturellement, j'ai répondu : Voilà !

Soit. Shakspeare. Je veux. Ça va bien. Ce nom là.

Et tu t'en souviendras, cher Kaeyenbergh, je gage,

Je fus sacré Shakspeare avec un beau tapage...

Seulement, que veux-tu... Shakspeare n'a pas pris !..

On s'en gondole encore à présent à Paris.

C'est en vain, qu'espérant asseoir ma renommée,

J'ai fait jouer mes ours, par mon épouse aimée,

Shakspeare était trop gros, cela n'a pas rendu !
J'eus tout de même encor beaucoup plus que mon dû,
Et quelques étrangers n'ont pas vu les ficelles...
Mais quoi qu'on dise à Gand, quoi qu'on pense à Bruxelles,
Ces gens-ci ne sont pas si stupides, tu sais,
Et les Allemands seuls, ont goûté mon Français !

Depuis, j'ai travaillé. J'ai découvert ma route.
J'expose en livres lents tout le poids de mon doute,
Devant les coins obscurs du monde. Tu m'as lu.
Tu sais. C'est vraiment bien. Confesse ! Je t'ai plu ?
Et j'espère à la mort de ma Tante Gudule,
Faire dire à Mirbeau que je suis un émule,
(Un émule d'ailleurs par trois siècles grandi !)
Du profond écrivain de l'*Organum Mundi*.
Ainsi, je n'aurai perdu toute la somme,
Consacrée à me faire introniser grand'homme.
Y dussé-je engloutir mon dernier patacon,
Je ferai transformer mon Shakspeare en Bacon !

Quoi qu'il en soit, d'ailleurs, de ma mésaventure,
Ami, règle ton choix sur ta riche nature...

Et tu sais, les tarifs, baissent sensiblement !
J'ai lancé deux ou trois amis, tout récemment,
Et leur titre ronflant ne coûta rien... ou presque !
Ainsi, pour Vérarin : le « *du Bartas tudesque !* »
Picard (comment va-t-il ce petit séducteur ?)
Fut sacré, grâce à moi, « *Mulet Reproducteur !* »
Et n'eut pas à casquer, pour ce nom magnifique.
J'ai dit de Lemonnier : « *Océan Pacifique !* »
Depuis qu'il s'est assis, très pacifiquement,
Sur un bon coup de pied de son gouvernement.

Choisis, cher Kaeyenbergh, un titre littéraire !
Quelle est ton âme sœur et ton poète frère ?
Quel est ton idéal de gloire et de beauté ?
Je vais pieusement te placer à côté !
Ne crains rien ! A Paris, de toi, nul ne doit rire...
Tous sont auteurs, ici, tous se mêlent d'écrire,
Mais des Lettres, parmi ces sots et ces bas bleus,

Nul ne s'offre à présent ce luxe fabuleux !
Tu seras demi-dieu, si tu veux le permettre...

Paris n'a plus qu'un mot de cinq lettres...pour Lettres!..

TABLE

FIGURES BIEN PARISIENNES

LES CAPITALES

PRIVAS. — IMPRIMERIE LUCIEN VOLLE.

OEUVRES DU MÊME AUTEUR

POÉSIE

LES RHAPSODIES PASSIONNÉES. 2ᵉ édit. (épuisé). 3 50

PROSE

LES ROMANS DE LA VOIE SACRÉE

I. ATHÉNIENNE (*Athènes*). 12ᵉ édit. 1 vol. 3 50
II. LEUCONOÉ. — L'AMANT LÉGAL (*Sparte*). 3ᵉ édit. 1 vo'. 3 50

SOUS LES LAURIERS-ROSES (*Scènes de la vie antique*). 1 vol. . . . 3 50
Mᵐᵉ SURINET-DURAND, HOMME DE LETTRES. 4ᵉ édition. 1 vol. . . 3 50
" BELGES " OU FRANÇAIS ? 4ᵉ édition. 1 vol. 3 50

THÉATRE

LES DOUZE GÉNIES

LA DERNIÈRE DULCINÉE (*Cervantès*) (épuisé). Poème tragique
en 5 actes. 1 vol. 3 50
LAÏS ET DEMOSTHÈNES (*Démosthènes*) (épuisé). Poème tragique
en 4 actes. 1 vol.. . . . . 3 50
RABELAIS (*Rabelais*). Poème comique en 3 actes. 1 vol. 2

POLITIQUE

LE CATÉCHISME DU WALLON. 1 vol.. . . . . »
LA RÉPUBLIQUE IMPÉRIALE. 1 vol. 3 50

CRITIQUE

LA CANDIDE TRIBU DES ADORATEURS DE CUISTRES. 1 vol. . . . 1
CLASSIQUES OU PRIMITIFS ? 1 vol. 1